Karl Rahner

# Löscht den Geist nicht aus!

W0222493

Karl Rahner

# Löscht den Geist nicht aus!

Mit einer Hinführung von
Karl Kardinal Lehmann

herausgegeben von
Albert Raffelt

HERDER
FREIBURG · BASEL · WIEN

MIX
Papier aus verantwortungsvollen Quellen
FSC® C106847
www.fsc.org

© Verlag Herder GmbH, Freiburg im Breisgau 2015
Alle Rechte vorbehalten
www.herder.de
Umschlaggestaltung: Verlag Herder
Satz: SatzWeise GmbH, Trier
Herstellung: fgb · freiburger graphische betriebe
www.fgb.de
Printed in Germany
ISBN 978-3-451-34904-1

# Inhalt

# Hinführung

„Löscht den Geist nicht aus!“ ist ein biblisches Wort. Am Schluss des ältesten neutestamentlichen Briefes ruft es Paulus der Gemeinde von Thessalonich (Saloniki) zu. Der Satz steht in einer Reihe von Aufrufen: „Freut euch zu jeder Zeit! Betet ohne Unterlass! Dankt für alles; denn das will Gott von euch, die ihr Christus Jesus gehört. Löscht den Geist nicht aus! Verachtet prophetisches Reden nicht! Prüft alles und behaltet das Gute! Meidet das Böse in jeder Gestalt!“ (1 Thess 5,16–22)

Karl Rahner hat den 1. Thessalonicherbrief intensiv studiert. Wir haben die entsprechende Notiz in seiner Liste gelesener Bücher aus seiner Junioratszeit (1927–1929), dem Ausbildungsabschnitt vor (!) dem Theologiestudium[1], das Rahner 1929–1933 im niederländischen Valkenburg absolvierte.

---

[1] Vgl. K. Rahner, Frühe spirituelle Texte und Studien. Bearbeitet von Karl Lehmann und Albert Raffelt. Freiburg i. Br. 2014 (Sämtliche Werke 1), S. 414, Nr. 20 f.

Der von Rahner gelesene knappe Kommentar der *Bonner Bibel* weist für das Bild des „Löschens" auf die Feuerzungen von Apg 2,3 hin, nennt vor allem aber das zentrale Stichwort: „Unter ‚Geist' sind die Charismen zu verstehen"[2]. Ausführlicher führt beides der jesuitische lateinische Standardkommentar der Zeit aus[3]. Für die Feuermetaphorik weist er noch auf Mt 3,11, Lk 3,16 (die Taufe mit dem Heiligen Geist und dem Feuer) und Dtn 4,24 (Gott als verzehrendes Feuer) hin, verweist auf die Ausführungen im 1. Korintherbrief über die Charismen und erläutert ausführlicher das „Auslöschen" durch Verdunkeln des Wirkens des Geistes.

Die Auslegung dieses Verses ist in den letzten Jahrzehnten weiter vorangetrieben worden. Dies bezeugen vor allem die neueren Kommentare[4]

---

[2] Alphons Steinmann, Die Briefe an die Thessalonicher und Galater. Übersetzt und erklärt. Bonn ²1921.

[3] Josef Knabenbauer, Commentarius in S. Pauli Apostoli epistolas. 5: Epistolae ad Thessalonicenses, ad Timotheum, ad Titum et ad Philemonem. Paris 1913 (Cursus Scripturae Sacrae. 2,5).

[4] Traugott Holtz, Der erste Brief an die Thessalonicher.

und einige spezielle Studien[5]. Dabei wurden neben den paulinischen Hauptstellen für die Charismenlehre (1 Kor 12; Röm 12) die frühesten Äußerungen dazu mehr und mehr hervorgehoben.

In dieser Verwendung finden wir den Vers bei Rahner in verschiedenen Publikationen zitiert, z. B. in: *Visionen und Prophezeiungen* (1952)[6], in *Freiheit in der Kirche* (1953/54)[7], im Lexikonartikel „Charisma" des *Lexikon für Theologie und*

---

Zürich 1986 (Evangelisch-Katholischer Kommentar. 13), S. 259; Paul-Gerhard Müller, Der Erste und Zweite Brief an die Thessalonicher. Regensburg 2001 (Regensburger Neues Testament), S. 199 ff., 209 f.; Stefan Schreiber, Der erste Brief an die Thessalonicher. Gütersloh 2014 (Ökumenischer Taschenbuch-Kommentar zum NT. 13/1), S. 293 ff., 308 ff.

5 Vgl. Rudolf Pesch, Die Entdeckung des ältesten Paulus-Briefes. Freiburg i. Br. 1984 (Pesch: Paulus – neu gesehen. 1) (Herderbücherei. 1167); zu 5,19 vgl. ganz besonders die wichtige Studie von Willem Cornelis van Unnik, „Den Geist löschet nicht aus" (1 Thess 5,19). In: Novum Testamentum 10 (1968), S. 255–269; Michael Theobald, „Prophetenworte verachtet nicht!" (1 Thess 5,20), in: Theologische Quartalschrift 171 (1991), S. 30–47.

6 K. Rahner, Der betende Christ. Bearbeitet von Andreas R. Batlogg. Freiburg i. Br. 2013 (SW 7), S. 276.

7 K. Rahner, Kirche in den Herausforderungen der Zeit. Bearbeitet von Josef Heislbetz und Albert Raffelt. Freiburg i. Br. 2003 (SW 10), S. 235.

*Kirche* (1958)[8] oder später in den *Bemerkungen über das Charismatische in der Kirche* (1969)[9]. Diese ausdrücklichen Stellen dürfen aber nicht darüber hinwegtäuschen, dass das Thema bei Karl Rahner unter verschiedenen Titeln und Stichwörtern immer schon eine große Aufmerksamkeit gefunden hatte. Dafür sind gewiss die erwähnten biblischen Impulse eine wichtige Quelle. Das Thema selbst hat Karl Rahner aber schon unmittelbar nach dem Kriegsende beschäftigt. Dies gilt z. B. für die Ausführungen *Der Einzelne in der Kirche* (1946)[10]. Zugleich aber kündigt sich hier auch eine vertiefte Sicht des Themas bei Rahner an: Karl Rahner hat schon sehr früh (1949/50) die sogenannte „Situationsethik" in ihrer falschen Ausprägung abgelehnt, zugleich aber darauf hingewie-

---

[8] K. Rahner, Enzyklopädische Theologie. Freiburg i. Br. 2002 (SW 17/1), S. 172–175, hier 173; vgl. auch den kurzen, prägnanten Artikel Charisma im Kleinen Theologischen Wörterbuch (1961), wieder abgedruckt in SW 17/1, S. 517.

[9] K. Rahner, Das Konzil in der Ortskirche. Bearbeitet von Albert Raffelt und Ulrich Ruh. Freiburg i. Br. 2011 (SW 24/1), S. 208.

[10] Jetzt in SW 10, S. 100–117.

sen, dass man dann auch die andere, eigene Position neu durchdenken muss. Dabei geht es nicht nur um die Berufung des einzelnen Christen, sondern um eine grundlegende Frage philosophischer Natur, nämlich dass das Einzelne und Konkrete sich nicht in das Allgemeine und Abstrakte auflösen lässt. Dies ist der Hintergrund für eine ganze Reihe von Aufsätzen und Studien, die Karl Rahner in dem Band *Das Dynamische in der Kirche*[11] zusammenfassend veröffentlicht hat. Das Thema des Einzelnen, der einmaligen Berufung und der Charismen ist also in den Jahren vor 1962, als Karl Rahner die Rede *Löscht den Geist nicht aus!* hält, eine durchlaufende Perspektive, so dass die Salzburger Rede insgesamt bestens vorbereitet ist. Seine vielen Ausführungen können deshalb auch durchaus für die Wahl des Themas beim Österreichischen Katholikentag Anstöße gegeben haben. Dabei fällt auch die zeitliche Nähe der Veröffentlichungen zum Salzburger Vortrag auf.

---

[11] Quaestiones disputatae 5, Freiburg i. Br. 1958 mit Studien von 1946, 1956 und 1957, jetzt in SW 10, S. 322–420.

So war es nicht verwunderlich, dass Rahner bei der Mariazeller Vorbereitungstagung des 11. Österreichischen Katholikentags, der 1952 in Wien stattfand, in seinem Referat *Würde und Freiheit des Menschen* den Vers aus dem 1. Thessalonicherbrief in einer seiner konkreten Forderungen für die Zukunft der Kirche zitiert: „Neben dem Amt, das in rechtlichen Formen weitergegeben wird, gibt und muß es in der Kirche geben das Charismatische, Prophetische, das nicht von vornherein von Amts wegen organisiert werden kann, dem in Geduld und Demut aber Raum zum Wachstum gegeben werden muß, selbst wenn seine Träger nicht immer sehr bequem sind. ‚Löscht den Geist nicht aus', steht geschrieben."[12]

Ob Rahner damit das Motto des nächsten, des 12. Österreichischen Katholikentags 1962 in Salzburg angeregt hatte, wird sich wohl durch Quellen kaum mehr klären lassen. In seinem Festvortrag

---

[12] SW 24/1, S. 205.

am 1. Juni 1962 in der Großen Aula der Salzburger Universität, der hier abgedruckt wird, weist er es dem Veranstalter, dem Wiener Kardinal Franz König, zu. Dass er in Salzburg die programmatische Rede zu diesem Schlüsselwort hielt, lag aber aus dieser Vorgeschichte nahe.

Die Rede ist ein flammender Appell für das „Brausen" des Geistes in der Kirche, das alle Verkrustungen auflöst und sich in den unterschiedlichen Geistesgaben, den Charismen zeigt, und gegen eine Selbstverschließung in einem eingewöhnten Trott.

Ob Rahner selbst beinahe das erste Opfer seiner mutigen Aussagen geworden wäre, da über ihn kurz danach eine römische Vorzensur verhängt wurde, lässt sich zur Zeit nicht exakt klären. Es spricht aber einiges dafür, dass beides nicht ohne Zusammenhang war. Zur Einordnung des Vortrags in die zeitgeschichtlichen Zusammenhänge trägt Prof. Dr. Albert Raffelt im Nachwort einiges bei. Ich möchte bei meiner früher schon geäußerten Überzeugung bleiben, dass die Anordnung der römischen Vorzensur für Karl Rahner durchaus etwas mit dem Salzburger Vortrag zu tun hat. Dieser fand ja eine große Beachtung. Aber es hängt natürlich nicht nur und ausschließlich mit dem Vortrag vom 1. Juni 1962 zusammen, sondern mit der Atmosphäre wenige Monate vor der Konzilseröffnung und mit Maßnahmen in diesem Zusammenhang. Hier ist vor allem das vor dem Konzil ausgesprochene Lehrverbot für die beiden Professoren P. Stanislas Lyonnet SJ (1902–1986) und P. Maximilian Zerwick SJ (1901–1975) vom Päpstlichen Bibelinstitut zu nennen.[13] Dies schließt nicht aus, dass solche Absichten schon ab 1960 in römischen Kreisen erkennbar waren. Der Entzug der Lehrerlaubnis der beiden Exegeten aus dem Jahr 1962 wurde bald nach der Wahl von Papst Paul VI. aufgehoben. Zu Karl Rahner sei noch Folgendes gesagt: Gegen die Vorzensur erhob sich bald ein großer Protest durch eine Unter-

---

[13] Vgl. in aller Kürze dazu Giuseppe Alberigo – Klaus Wittstadt (Hrsg.), Geschichte des Zweiten Vatikanischen Konzils. Bd. 1. Mainz 1997, S. 277, 317.

schriftenaktion der Paulus-Gesellschaft, angeführt von Bundeskanzler Konrad Adenauer. Dieser Protest wurde über den Geistlichen Botschaftsrat Prof. Dr. Josef Höfer von der Deutschen Vatikanbotschaft Papst Johannes XXIII. zugeleitet. Erzbischof Dr. Hermann Schäufele, Freiburg i. Br., der Protektor des damals erscheinenden *Lexikon für Theologie und Kirche* (2. Aufl.) war, setzte sich in Rom auch für eine Aufhebung dieser Vorzensur ein. Karl Rahner war – übrigens mit Josef Höfer – Herausgeber dieses Lexikons. Da er am Ende der Abgabezeit für die Manuskripte nicht wenige Artikel selbst schreiben musste, um ein einigermaßen pünktliches Erscheinen des jeweiligen Bandes zu sichern, hätte eine unter Umständen sich lange hinziehende Vorzensur die Veröffentlichung der Bände sehr behindert. In diesem Zusammenhang hat Karl Rahner im Oktober 1962 den Band 5 seiner *Schriften zur Theologie* zwei verantwortlichen Medizinern, Paul Martini (Bonn) und Hans Schaefer (Heidelberg), sowie dem Gründer und Geschäftsführer der Paulus-Gesellschaft, Erich Kellner, sowie allen Freunden gewidmet[14]. Wann die römische Vorzensur schließlich aufgehoben wurde, ist mir bisher nicht bekannt geworden. Dies alles zeigt aber sehr gut die Atmosphäre vor dem Konzil, kirchenpolitische Machenschaften und auch die wichtigsten Akteure.

In dem Text *Blick in die Zukunft* (1966), ein Jahr nach Konzilsende, schreibt Rahner: „Vor ein paar Jahren stand ein österreichischer Katholikentag unter dem Motto: Löscht den Geist nicht aus. Trotz Konzil wird man heute vielleicht die Losung ausgeben müssen: Weckt den Geist! Er ist und bleibt zwar immer das Geschenk Gottes, der über den Zeiten der Kirche waltet, ohne uns Rechenschaft schuldig zu sein. Das Konzil mahnte uns auch, besondere, auffallendere Charismen in der Kirche nicht ‚unbesonnen' zu erwarten. Aber dennoch sind wir zur Hoffnung verpflichtet und zum Gebet aufgefordert, daß Gott seiner Kirche die Kraft des mutigen und eine Zukunft wagenden

---

[14] Vgl. das Vorwort vom Oktober 1962, S. 8, und die eigene Widmungsseite vor dem Titel, jetzt SW 12, S. 585.

Geistes schenken wird, auch wenn ein solcher Geist besondere und unerwartete Charismen einschließt. Man soll solchen Geist nicht nur nicht auslöschen, sondern ihn auch zu erwecken suchen. Das Konzil hat gezeigt, daß solcher Geist, der Neues wagt, in der Kirche noch lebendig ist."[15]

Es braucht hier nicht im Einzelnen dargestellt zu werden, wie das Konzil die Charismenlehre erneuert und sie auch in verschiedener Weise auf Laien, Priester, Ordensangehörige und Bischöfe bezogen hat (vgl. die Kirchenkonstitution *Lumen gentium* Art. 4, 7, vor allem 12, 30, das Dekret über die Priester *Presbyterorum ordinis* Art. 4, 9 und das Dekret über das Laienapostolat *Apostolicam actuositatem* Art. 30). Ich verweise hier auf die Kommentare zu den Konzilsveröffentlichungen.[16] Jedenfalls ist hier einiges von dem verwirk-

---

[15] Unter dem späteren Titel Aufgaben der Stunde in SW 24/1, S. 12–30, hier 28.

[16] Vgl. nur Peter Hünermann, in: Herders Theologischer Kommentar zum Zweiten Vatikanischen Konzil. Bd. 2. Hrsg. von demselben und Bernd Jochen Hilberath. Freiburg i. Br. 2004, S. 383–387. An dieser Stelle muss auch auf das Thema des „Sensus fidei" verwiesen werden, dazu Markus

licht worden, was nicht nur Karl Rahner[17] vor dem Konzil jahrelang vorbereitet hat, sondern auch z. B. Kardinal Léon-Joseph Suenens (1904–1996)[18] aus Brüssel.

Dieser Prozess erinnert an die berühmte Rede Johannes' XXIII. zur Eröffnung des Konzils am 11. Oktober 1962[19]. Papst Franziskus hat sich jüngst in seinem Apostolischen Schreiben *Evangelii gaudium* ebenfalls in diese Linie eingereiht: „Fünfzig Jahre nach dem Zweiten Vatikanischen Konzil darf der größte Realismus nicht weniger

---

Knapp – Thomas Söding (Hrsg.), Glaube in Gemeinschaft. Autorität und Rezeption in der Kirche. Festschrift für H. J. Pottmeyer. Freiburg i. Br. 2014, S. 165 ff., 182 ff., 228 ff., 261 ff., 307 ff.

[17] Vgl. dazu Günther Wassilowsky, Universales Heilssakrament Kirche. Karl Rahners Beitrag zur Ekklesiologie des II. Vatikanums. Innsbruck 2001 (Innsbrucker Theologische Studien. 59).

[18] Vgl. dazu Leo Declerck, L. J. Suenens. In: Michael Quisinsky – Peter Walter (Hrsg.), Personenlexikon zum Zweiten Vatikanischen Konzil. Freiburg i. Br. 2012, S. 266 (Lit.).

[19] Vgl. den Text in der offiziellen Ausgabe der Konzilsdokumente Sacrosanctum Oecumenicum Concilium Vaticanum II. Constitutiones, Decreta, Declarationes. Cura et studio Secretariae Generalis Concilii Oecumenici Vaticani II. Romae 1966 u. ö., S. 854–872, hier 859 f.

Vertrauen auf den Geist, noch weniger Großherzigkeit bedeuten, auch wenn die Schwächen unserer Zeit uns schmerzen und wir weit entfernt sind von naiven Optimismen. In diesem Sinn können wir die Worte des seligen Johannes XXIII. an jenem denkwürdigen Tag des 11. Oktober 1962 (noch einmal) hören: Es ‚dringen bisweilen betrübliche Stimmen an Unser Ohr, die zwar von großem Eifer zeugen, aber weder genügend Sinn für die rechte Beurteilung der Dinge noch ein kluges Urteil walten lassen. Sie sehen in den modernen Zeiten nur Unrecht und Niedergang. [...] Doch Wir können diesen Unglückspropheten nicht zustimmen, wenn sie nur unheilvolle Ereignisse vorhersagen, so, als ob das Ende der Welt bevorstünde. In der gegenwärtigen Weltordnung führt uns die göttliche Vorsehung vielmehr zu einer neuen Ordnung der Beziehungen unter den Menschen. Sie vollendet so durch das Werk der Menschen selbst und weit über ihre Erwartungen hinaus in immer größerem Maß ihre Pläne, die höher sind als menschliche Gedanken und sich nicht berechnen lassen – und alles, auch die Meinungsverschiedenheiten unter den Menschen, dienen so dem größeren Wohl der Kirche'."[20]

Rahners Programmrede von 1962 ist auch auf diesem Hintergrund heute noch aktuell und hörens- bzw. lesenswert. Dabei ist ein Vergleich mit der dreieinhalb Jahre später gehaltenen „Münchener Rede" *Das Konzil – ein neuer Beginn,* die auch in dieser kleinen Schriftenreihe erschienen ist[21], sehr aufschlussreich.

4. November 2014 *Karl Kardinal Lehmann*

---

[20] Apostolisches Schreiben „Evangelii Gaudium" vom 24. 11. 2013. Bonn 2013 (Verlautbarungen des Apostolischen Stuhles Nr. 194), Nr. 84.

[21] Mit einer Hinführung von Karl Kardinal Lehmann herausgegeben von Andreas R. Batlogg und Albert Raffelt. Freiburg i. Br. 2012.

# Löscht den Geist nicht aus!

Das Motto, das der hochwürdigste Herr Kardinal dieser kleinen Betrachtung zur Einleitung des Katholikentages[1] vorangestellt hat, lautet: Löscht den Geist nicht aus. Dieses Wort der Schrift steht in dem ältesten neutestamentlichen Brief, im ersten Brief des Apostels an die Thessalonicher, als 19. Vers des 5. Kapitels, als

---

[1] Dieser Festvortrag auf dem Österreichischen Katholikentag vom 1. Juni 1962 bleibt bewußt unverändert, auch wenn er in einigen Gedanken vielleicht nicht mehr so unmittelbar der gegenwärtigen geschichtlichen Stunde entspricht. Die Zeit kurz vor Beginn des Konzils war eine andere. Da aber auch in der nachkonziliaren Arbeit das Wesentliche gültig bleibt, dazu die rechte Unterscheidung des törichten „Enthusiasten" vom besonnenen Charisma jetzt vielleicht sogar notwendiger ist, darf der Text seine Gestalt behalten. Zum rechten Verständnis dieser Forderungen für die Arbeit nach dem Konzil vgl. vom Verfasser: Kirche im Wandel. In: Schriften zur Theologie 6, S. 455–478 (= SW 21/1, S. 511–528); Das Konzil – ein neuer Beginn. Freiburg 1966 (= SW 21/2, S. 775–786).

ein Vers der Schlußermahnungen des Apostels an seine Gemeinde. Wenn wir diesen Vers so hören, mag er uns auf das erste Hören hin selbstverständlich vorkommen: Wer wird es sich herausnehmen, dem Hl. Geist Gottes Widerstand leisten zu wollen, gar absichtlich und verstockt? Und wenn dieses Wort sogar an die Gemeinde Gottes selbst gerichtet wird, und nicht zuvorderst an den einzelnen in seiner privaten Heilsfrage, scheint diese Mahnung fast überflüssig zu klingen. Ist die Kirche nicht der Tempel des Geistes, der Leib Christi, der vom Geist Christi belebt ist, waltet der Geist nicht in endzeitlich siegreicher Macht in dieser Kirche, verläßt sie nie, macht sie zur heiligen Kirche? Wie sollte die Kirche den Geist Gottes auslöschen?

Und doch: Wir müssen uns nur fragen, woran Paulus konkret bei dieser Mahnung gedacht hat, um zu sehen, daß seine Mahnung an den einzelnen und an die Kirche als ganze nicht überflüssig ist. Wenn wir dieses Wort lesen, sollten wir zunächst erschrecken, daß man den Geist, das brennende Feuer Gottes, überhaupt auslöschen kann, daß der Apostel voraussetzt, wir seien – wenigstens in sehr weitem Umfang – dazu überhaupt in der Lage. Wenn wir dies immer bedächten, welche Umwandlung könnte in unser Leben kommen: *Wir* können den Geist auslöschen, *wir* können sein Walten in uns und der Welt ersticken, er ist in unsere Gewalt gegeben, in die Macht unserer Geistesträgheit, in die Gewalt unserer Feigheit, in die Verfügung unseres leeren, irdischen, lieblosen Herzens, wir können nicht nur uns selbst untreu sein und die Würde und Bestimmung unseres eigenen Wesens verraten, wir können den Geist ersticken, der das Antlitz der Erde immer erneuern will, das Leben Gottes töten in der Welt, die Räume des Daseins gottlos machen, leer und sinnlos. Und es muß dazu eine schreckliche Gefahr bestehen, die wir Stumpfe nicht bemerken, es muß leicht und unauffällig zu bewerkstelligen sein, daß die Flamme des Geistes von uns erstickt wird, man muß offenbar viele gute Gründe für ein „gutes Gewissen" haben können, solches zu tun, wenn der Apostel uns beschwören muß: Löscht den Geist nicht aus!

In der Tat: Wenn wir uns die Gnadengaben des Geistes, die nicht ausgetilgt werden sollen, so denken, wie sie Paulus sieht, bemerken wir leicht, daß es nicht selbstverständlich ist, wozu Paulus mahnt. Denn solche Gnadengaben sind zunächst einmal auf viele so verteilt, daß nicht jeder alle hat, daß sie gegeben werden, wie es dem Geist selbst und nicht einem Menschen, auch nicht dem Amt in seiner Planung, gefällt. Wie schwer aber ist es doch dem Menschen, zuzugestehen, daß der andere ein Wichtiges, ein Göttliches hat, das man selbst nicht besitzt, das man nie ganz verstehen kann, das einem von einem selbst her fremd ist und vielleicht seltsam und anstößig erscheint, wie leicht meint der Mensch, das Göttliche sei mit dem zu identifizieren, was er selbst besitzt und ihm eingängig ist, weil es gerade in ihn eingegangen ist! Und weiter: Für Paulus sind diese Gaben so, daß sie dem irdischen Menschen als Torheit (1 Kor 2,14) erscheinen, sie können so in der

Gemeinde auftreten, daß sie für den Profanen Anlaß sind zu dem Spott, solche Geistbegabte seien psychisch aus dem Gleichgewicht gekommen, seien, schlicht gesagt, verrückt (1 Kor 14,23). Paulus setzt in seinen Gemeinden voraus, daß überall und in der verschiedenartigsten Weise der Geist wehe, als Geist des Zeugnisses, der dienenden Liebe, der Unterrichtung, der Tröstung, des helfenden Zuspruchs, des Schenkens, des Verstehens, der Barmherzigkeit (Röm 12,4–8), der Weisheitsrede, der Erkenntnisrede, des Berge versetzenden Gebetes, der Heilungskraft, der Machttaten, der prophetischen Rede, der Geisterunterscheidung, der Verzückungen, der Deutung solcher Verzückungsrede, der Hilfsdienste, der Gemeindeleitung (1 Kor 12,4–11. 28–30). In tausend Formen wirkt nach ihm der Geist Christi, in keinem alles, weil erst alle zusammen den einen und ganzen Leib Christi ausmachen; alles soll in Anstand und Ordnung geschehen (1 Kor 14,40), aber diese Ordnung der Geistwirkungen ist eine Ordnung, die freigibt, die anerkennt, die um die unabsehbare Mannigfaltigkeit und Unplanbarkeit dieser Gaben weiß, die den Geist wehen läßt, wo und wie er selbst will, die weder bloß menschlichem Urteil noch der Hybris eines alles planen wollenden Amtes in der Kirche erlaubt, den Geist auszulöschen, den Geist, der unbequem sein kann, der immer neu bleibt und unergründlich, der die Liebe ist, die hart sein kann, der den Menschen und auch die Kirche selbst führt, wohin zu gehen sie nicht geplant haben, ins immer Neue und Unbekannte, das sich erst, wenn es bestanden ist, enthüllt als das, das dem einen, ewig alten und immer neuen Geist entspricht, das Er sich gesucht hat über alle Menschenweisheit hinaus.

Die Kirche weiß in ihrem Glaubensbewußtsein, daß auch der Geist zu ihr selbst gehört, daß er für sie unersetzlich ist. Sie lehrt ausdrücklich, daß zur Kirche nicht nur das Amt, die Institution, die Überlieferung, die immer gleichbleibenden Normen und so das Geplante, das Voraussehbare gehören. Die Kirche weiß, daß das Unerwartete und Unberechenbare ihrer eigenen Geschichte nicht nur die von außen an sie herankommende, unübersehbare Situation ist, die sie mit ihren Prinzipien, die immer gleich bleiben, bewältigt. Die Kirche weiß, daß in ihr eigenes innerstes Wesen der Geist Gottes eingestiftet ist, der lebendige Geist, der jetzt noch waltet und treibt, der sich also nie adäquat schon übersetzt und in die Verfügung der Kirche gegeben hat durch das, was wir Amt und Prinzipien, Sakramente und Lehre nennen. Pius XII. hat ausdrücklich erklärt, daß nicht nur das Institutionelle, sondern auch das Charismatische zum Wesen der Kirche gehört. Diese Charismatiker sind nach Pius XII. nicht nur gegeben in den Trägern des Amtes, noch sind sie nur Befehlsempfänger. Sie können durchaus solche Menschen sein, durch deren Gnadengaben Christus seine Kirche „unmittelbar" leitet und bewegt, sosehr diese Charismatiker und ihre Charismen „in Ordnung" leben müssen, sowenig sie aus jener Kirche ausbrechen dürfen, die *auch*, aber nicht nur, eine Kirche des Amtes ist.

Dieses Wissen ist da. Aber es ist oft in Theorie

und Praxis nicht genügend deutlich und lebendig da. Es ist oft ein bloß theoretisches Wissen, das selbst keine charismatische Kraft hat. Dies ist nicht einfach nur Schuld, Eigensinn, Verkalkung. Es gibt andere und drängende Gründe für diese Unwirksamkeit der Wahrheit von dem Geist und seinen Charismen in der Kirche. Man könnte sagen, die alte Kirche des Paulus hatte es in dieser Hinsicht leichter; die Gemeinden waren klein, lebten auf einer sozial einfachen und übersehbaren Stufe; auch das Ungeplante und Unvorhergesehene war und blieb eingefangen in einer doch auch wieder vertrauten und übersehbaren Welt. Heute aber leben wir im Zeitalter einer industriellen Massengesellschaft, einer sich vereinheitlichenden Geschichte aller Völker in unmittelbarer, freundlicher oder feindlicher, aber sehr realer Kommunikation untereinander, in einem Zeitalter der Automation, der Kybernetik, des schon neurotisch werdenden Sicherheitsbedürfnisses, der Gesellschaft, in der die Alten einen viel höheren Prozentsatz der Menschen bilden als in früheren Zeiten, in einem Zeitalter der Steuerung der Bedürfnisse und Meinungen der Massen, des ungeheuren Wachstums des Apparates in der Gesellschaft, das durch die zuerst erwähnten Umstände eben doch großenteils unvermeidlich ist. Diese und ähnliche Momente der heutigen Situation sind nicht nur solche der profanen, sondern auch der kirchlichen Gesellschaft. Und sie sind zunächst einmal allem Charismatischen feindlich. Sie bewirken nämlich, daß zunächst einmal nur das Geplante wirksam zu sein scheint, daß nur die Macht der Masse Aussicht auf Erfolg hat, daß das Leben auch der einzelnen immer mehr abhängig wird von den großen gesellschaftlichen Institutionen des Staates, des Amtes, der Organisationen, der Verwaltung, von deren Amtsstellen, Jahresplänen, Subventionen, mit Hilfe des propagandistischen Apparates.

Wenn wir ehrlich sind, ist diese Gefahr der heutigen Zeit unweigerlich eine Gefahr der Kirche. Wir sagen, wir seien ins Zeitalter der Weltkirche eingetreten. Richtig, aber damit doch auch in das Zeitalter, in dem jede regionale Regung in der Kirche schon fast unweigerlich unter den Augen der Gesamtkirche geschieht, abhängig vom gesamtkirchlichen Apparat, nach seinen wirklichen oder vermeintlichen Auswirkungen auf andere Länder und kirchliche Regionen beurteilt wird, in Gefahr ist, nur dann ernst genommen zu werden, wenn es sehr rasch auch in der kirchlichen Weltöffentlichkeit sich ein Prestige erobert. Und diese Gefahr für das Charismatische in der Kirche, die von der äußeren Situation her droht, wird verstärkt durch die innerkirchliche Situation. Denn diese ist auch heute noch die Situation, leider auch heute noch, der Abwehr gegen die die Kirche bedrohenden Mächte von außen, der Parole der parteihaft gedachten Einheit und Geschlossenheit, des Geistes, der ein wenig zu rasch und eindeutig die Glaubenslehre vom Primat des Papstes in der Kirche als dem Band der Einheit und der Garantie der Wahrheit sich objektivieren läßt in einem nicht unerheblichen römischen Zentralismus der kirchlichen Bürokratie, der Regelung von allem und jedem durch die kirchlichen Zentralministerien. Und niemand weiß, ob sich nicht wider alle Absicht diese Tendenz doch noch verstärkt durch das kommende Konzil, weil ein Konzil viel regeln will und fast nicht anders kann, als das, was es regelt, für die ganze Kirche gleichmäßig vorzuschreiben. Kurz, das Wissen um die charismatische Struktur der Kirche ist da, wird von niemandem geleugnet und ist doch durch die heutigen Umstände in der Kirche und außerhalb ihrer bedroht in Theorie und Praxis.

Gilt darum schon das Wort „Löscht den Geist nicht aus“ im allgemeinen von der Kirche nicht nur als ein allgemeines, selbstverständliches Prinzip, sondern als ein gerade jetzt dringlicher Imperativ, als ein Mahnwort, das in seiner heutigen Dringlichkeit vor vielen anderen Prinzipien proklamiert werden muß, so gilt dieses Wort auch als ernsthaftestes Mahnwort vor allem für unsere mitteleuropäischen Verhältnisse. Seien wir ehrlich, nüchtern und selbstkritisch: Wie steht es mit der Kirche in dem Lebensraum, der unser ist?

Herrscht nicht zuviel Müdigkeit bei uns, zuviel bloße Routine? Wo sind die „Bewegungen", wo ein Enthusiasmus, der sich neue Ziele steckt, der um Neues wirbt, verkündigen wir nicht zu sehr die abgewogenen und ausgeglichenen Prinzipien der Kirche, anstatt sie mutig in Imperative umzusetzen, die nicht immer und überall, aber für uns heute und hier notwendig sind? Fehlt es uns nicht zu oft an Mut, eindeutig nein oder eindeutig ja zu sagen, und zwar nicht nur zu den unveränderlichen Grundsätzen, die niemand im Ernst frontal angreift und leugnet, sondern auch zu kämpferischen Parolen, zur Konkretheit einer Entscheidung? Wissen wir eine Antwort, wenn einer uns fragt: Was wollt ihr Christen in den nächsten zehn Jahren konkret, was wollt ihr heute erreichen, was noch nicht ist, aber nach euch werden soll, und zwar hier und jetzt und nicht nur in der Ewigkeit? Distanzieren wir uns nicht oft von den Parteien, wie wir sagen, um uns nicht in einer konkreten Forderung engagieren zu müssen? Ist der Mut vorhanden, uns wirklich mit den Fragen der Zeit zu befassen, ihnen uns wirklich zu stellen, ihre Last wirklich zu spüren, oder meinen wir nicht zu sehr zu unserer eigenen müden Beruhigung, wir seien schon über alles im klaren, ausgerüstet mit allen Antworten auf alle Fragen, die nur einigermaßen wichtig sind? Gibt es nicht auch bei uns, wie in der Kirche im allgemeinen, so etwas wie die „verwaltete Kirche", d. h. die für uns fast unvermeidliche und doch so gefährliche Zwischenschicht der beamteten Verwaltung zwischen den Christen und den eigentlichen, von Gott durch seine Berufung bestellten, eigentlich verantwortlichen Hirten? Ist unsere Predigt, die Formulierung unseres christlichen Glaubens nicht zu traditionell, zu sehr aus zweiter Hand, zu wenig ursprünglich entspringend aus der ureigensten Erfahrung der Gnade und der Betroffenheit durch das eigentliche Wort Gottes? Wo wagt man wirklich ein „Experiment" im kirchlichen Leben, das nicht gleich im ersten Anfang zugedeckt wird, daß doch alles beim alten bleibt? Wenn wir uns geistesgeschichtlich und sozialgeschichtlich vergegenwärtigen, in welchem Umbruch der Zeiten wir stehen, den wir bestimmt nicht überschätzen, sondern unterschätzen, wenn wir an der Tiefe und Weite dieses Umbruchs die Kraft, den Mut, die weite Sicht des der Kirche auch bei uns aufgegebenen Umbruchs messen, müssen wir dann nicht fürchten, daß wir in dieser Zeitwende noch weniger nachkommen als die Kirche zur Zeit der Verwandlung der feudalen Gesellschaft des 18. Jahrhunderts in die bürgerlich-liberale Gesellschaft des 19. Jahrhunderts oder zur Zeit des Heraufkommens der Arbeiterschaft als einer neuen Klasse? Müssen wir da nicht sagen, daß wir viel zu zögernd, nachhinkend, nur Stück für Stück uns durch die Tatsachen zwingen lassend, der Zeit doch hinterdreinlaufen? Kurz und gut, wo ist das mächtige, mutige, neuschaffende, „selbstsichere" Wehen des Geistes bei uns in der Kirche?

Wer das, was ich eben sagte, anhört als eine billige Kritik, wer sich von vornherein weigert, sich beunruhigen zu lassen, wer stillschweigend von der Voraussetzung ausgeht, es müsse alles in

Ordnung sein, weil er selbst doch ein braver Mann sei, der seine Pflicht tut, und er auch kein Rezept gegen die Misere der Zeit und der Kirche wisse, der hat nicht verstanden, warum das eben Gesagte gesagt wurde. Es ist nicht gesagt als Folie für die Empfehlung von einigen billigen Rezepten, von denen ihr Verfasser glaubt, man brauche sie nur zu akzeptieren, und schon seien die Kirche und die Welt gerettet. Solche Rezepte weiß ich auch keine anzubieten. Und es ist sehr schmerzlich und bitter, Klagen vorzubringen, wenn man das Beklagte auch nicht zu ändern weiß. Das Gesagte bedeutet auch nicht, daß alles und jedes in der Kirche im argen liege. Nein, es gibt des Geisterfüllten und göttlich Lebendigen viel: Liebe, Treue, geduldiges Kreuztragen, aufopferungsvolle Arbeit im Apostolat, jungen Mut, theologischen Scharfsinn, Entschlossenheit, neue Fragen anzupacken, und vieles andere, das den Geist zum Spender hat, ohne den auch dieses nicht in der Kirche wäre. Aber darf uns dies alles, für das wir Gott danken müssen, blind machen für das andere, von dem wir gesprochen haben; uns dispensieren von der Frage, was nun eigentlich für unsere Zeit in den Kirchen unserer Länder charakteristischer ist, das Durchschnittliche und Herkömmliche, das Bürokratische und Verwaltete, das Müde und Matte, das sich keinen Angriff zutraut, *oder* das Lodern des Geistes, das himmlisch lebendige Charismatische auch nur in dem Maße, wie es in dieser Welt des Mittelmäßigen doch sein könnte und sollte? Bleibt uns bei allem Dank gegenüber dem Geist, der uns auch heute nicht verläßt, für uns selbst nicht die Pflicht, ehrlich, selbstkritisch und hart gegen uns selber zu sein und zu sagen, daß wir durch unsere Schuld und Herzensträgheit zu wenig an Walten des Geistes in der Kirche spüren, und das zu einer Zeit, in der das Brausen des Geistes nötiger als je wäre? Ist es also nicht doch so, daß wir alle erschreckt sagen sollten, daß offenbar das Wort des Apostels uns nicht nur als ein immer gültiges Prinzip gesagt ist, sondern als bestürzender, anklagender, uns aufscheuchender Imperativ unserer Stunde?

Aber wenn so dieser Imperativ uns in unserer Stunde besonders gilt, dann liegt die Frage schwer auf uns: Wie machen wir es, daß wir den Geist nicht auslöschen? Das ist eine dunkle und schwere Frage. Wenn man meinen könnte, sie sei leicht zu beantworten, wäre sie keine. Ihre wirkliche Beantwortung, die letztlich durch das „instinktsichere" christliche Leben und grundsätzlich nicht durch die reflexe Theorie allein geschehen kann, ist selbst schon ein Stück des Wehens und Waltens des Geistes, der selbst bewirkt, daß er nicht ausgelöscht wird. Und darum kann der arme, stotternde Schulmeister zu dieser eigentlichen Frage nur weniges und Kümmerliches sagen. Und was er sagt, ist in dem, was direkt gesagt werden kann, auch wieder nur ein Teil jener theoretischen Aussagen, von denen gesagt wurde, daß sie den Geist, seine Macht und seine unableitbare und unerzwingbare Gnade nicht ersetzen können. Und nur unter diesen Vorbehalten wird richtig verstanden, was hier bescheiden gesagt wird.

Das erste, was getan, was zu Herzen genommen werden müßte, wäre die *Sorge*, es könne der Geist ausgelöscht werden. Der Geist kann ausgelöscht werden, wenn nicht ganz in der Kirche, so doch so weit und so schrecklich, daß wir jenes Gericht fürchten müssen, das beim Hause Gottes anfängt. Und darum muß uns alle die Sorge quälen, daß *wir* es sein könnten, die den Geist auslöschen. Ihn auslöschen durch den Hochmut der Besserwisserei, durch die Herzensträgheit, durch die Feigheit, durch die Unbelehrbarkeit, mit denen wir neuen Impulsen, neuem Drängen in der Kirche begegnen. Wie vieles wäre anders, wenn man dem Neuen nicht so oft entgegentreten würde mit der überlegenen Selbstsicherheit, mit einem Konservativismus, der nicht Gottes Ehre und Lehre und Stiftung in der Kirche verteidigt, sondern sich selbst, die alte Gewohnheit, das Übliche, daß man leben kann ohne den Schmerz der täglich neuen Metanoia. Wenn man aber brennend empfände, daß man auch gerichtet werden kann durch seine Unterlassungen, für seine diffuse, anonyme Herzenshärte und Herzensträgheit, für seinen schuldhaften Mangel an schöpferischer Phantasie und am Mut zum Kühnen, dann würde man sicher hellhöriger, vorsichtiger, zuvorkommender auf die leiseste Möglichkeit achten, daß sich irgendwo der Geist regt, der nicht schon in die amtlichen Formeln und Maximen der Kirche und ihrer amtlichen Stellen eingegangen ist. Dann würde man sehnsüchtig ausschauen, ob nicht Charismen sich melden, für die wir erst einen Blick und ein Gespür uns erwerben müssen. Dann würde man auch die Charismen, die der Geist mitteilen will, nicht vor die Alternative stellen (der wir doch auch unser eigenes Leben und Tun nicht aussetzen), vor die Alternative, nichts Menschliches, nichts noch Ungeklärtes zu haben. Denn dies ist nicht möglich, weil auch das Feuer des Heiligen Geistes aus dem Dornbusch unseres Menschlichen und Allzu-Menschlichen heraus brennt.

Das zweite ist der Mut zum *Wagnis.* Es sei erlaubt, das soeben Gesagte eindringlich zu wiederholen: Wir leben in einer Zeit, wo es einfach notwendig ist, im Mut zum Neuen und Unerprobten bis zur äußersten Grenze zu gehen, bis dorthin, wo für eine christliche Lehre und ein christliches Gewissen eindeutig und indiskutabel eine Möglichkeit, noch weiter zu gehen, einfach nicht mehr sichtbar ist. Der einzige heute im praktischen Leben der Kirche erlaubte Tutiorismus ist der Tutiorismus des Wagnisses. Wir dürfen heute eigentlich nicht bei der Lösung von echten Problemen fragen: Wie weit *muß* ich gehen, weil es einfach von der Situation erzwungen wird, wenigstens so weit zu gehen, sondern wir müßten fragen: Wie weit *darf* man unter Ausnützung aller theologischen und pastoralen Möglichkeiten gehen, weil die Lage des Reiches Gottes sicher so ist, daß wir das Äußerste wagen müssen, um so zu bestehen, wie Gott es von uns verlangt. Wir dürfen in ökumenischen Fragen beispielsweise nicht fragen: Was müssen wir den getrennten Brüdern zugestehen, sondern: Wie schöpfen wir alle nur sinnvollen, von unserem christlich-katholischen Gewissen nur irgendwie denkbaren Möglichkeiten eines Entgegenkommens aus, mutig und unbekümmert, weil wir es uns heute einfach nicht mehr leisten können, da weniger zu tun, um der Einheit der Christen wenigstens näherzukommen. Es will mir scheinen: Wenn in diesen und vielen anderen Fragen dieser Tutiorismus angewendet würde, d.h. man von der Überzeugung als Imperativ für unsere Stunde (nicht als immer gültiges Prinzip für alle Zeiten) ausginge, daß das Sicherste heute das Wagemutigste sei und die beste Chance, alles oder einiges zu gewinnen, nicht die Vorsicht, sondern der kühnste Wagemut sei, dann würde sich doch wohl manche Überlegung in der Kirche anders gestalten.

Soll der Geist nicht ausgelöscht werden, dann bedarf es einer richtigen und mutigen Interpretation des kirchlichen *Gehorsams.* Dieser ist eine heilige Tugend. Der Geist Christi in der Kirche weist sich aus im Gehorsam vor dem Amt in der Kirche. Es gibt keinen echten Geist Christi, der aus der Kirche der Bischöfe, des Papstes, des Amtes hinausführt. Aber wenn es wahr ist, daß der Geist Gottes in der Kirche nicht nur durch das

Amt, sondern auch durch die Unbeamteten, von ihnen her auf das Amt zu wirkt, dann haben die Menschen, denen Gott die Gnade und die Last des Charismas schenkt (und es wäre besser, es würden sich mehr Leute in der Kirche zutrauen, daß der Geist ihnen solchen Empfang zutrauen könnte), auch das Recht und die Pflicht, sich nicht einfach hinter ein stummes und im Grunde bequemes, gar nicht wirklich demütiges Parieren zu verstecken, sondern zu sprechen, zu rufen, ihre Meinung, die durchaus die des Geistes Gottes sein kann, auch vor dem Amt der Kirche kundzutun, immer aufs neue, auch wenn sie lästigfallen, auch wenn es „oben" nicht genehm ist, auch wenn sie das Leid des Charismas zu tragen haben: Verkennung, vielleicht sogar Maßregelung. Nicht dort, wo die amtliche Maschinerie der Kirche reibungslos und leise läuft, nicht dort, wo ein totalitäres Regime exerziert würde, ist der Geist des wahren Gehorsams, sondern wo mitten im gemeinsamen Kampf um den Willen Gottes vom Amt das nichtamtliche Walten des Geistes respektiert und vom Charismatiker in Treue zum eigenen Auftrag das Amt gehorsam respektiert wird und Gott und er allein aus diesem notwendigen Antagonismus und Pluralismus der Geister, Aufgaben und Dienstleistungen in der Kirche die eine Kirche und ihre wahre, von Gott gewollte Geschichte auferbaut, die auch anders aussieht als die, wie sie in den amtlichen Plänen des kirchlichen Amtes ausgedacht, mit Recht und pflichtschuldig geplant worden ist.

Zu den Voraussetzungen für das Lebendigwerden des Geistes gehört auch der *Mut zu diesem unvermeidlichen Antagonismus* in der Kirche. Die Kirche ist nicht so „ein Herz und eine Seele", daß es in ihr keinen Kampf, kein Leid des gegenseitigen Nichtverstehens geben dürfte. Es gibt wirklich viele Charismen in der Kirche, und keiner hat alle, und keinem ist eine Verwaltung aller Charismen aufgetragen, denn selbst die Sorge um die Einheit des Glaubens und der Liebe, die das eine Amt in der Kirche hat, bedeutet keine eigentliche Verwaltung aller Charismen durch die amtliche Kirche, nein, wir Christen werden und sollen in vielem verschiedener Meinung sein, wir sollen verschiedene Tendenzen haben, es braucht nicht jedes für jeden positiv zu passen. Liebe, die auf Uniformität aufbauen dürfte, wäre leicht. In der Kirche aber soll der Geist der Liebe herrschen, die die vielen und verschieden bleibenden Gaben zu einer Einheit bindet, der Liebe, die den anderen auch noch annimmt und gelten läßt, wo man ihn nicht mehr „versteht". Das Prinzip, das mit der Liebe der Kirche in ihrem Handeln mitgegeben ist, besagt, daß jeder in der Kirche seinem Geist folgen dürfe, solange nicht sicher feststeht, daß er einem Ungeist nachgibt, daß also seine Rechtgläubigkeit, seine Freiheit, sein guter Wille vorauszusetzen seien bis zum wirklichen Beweis des Gegenteils und nicht umgekehrt. Mag auch das Urteil darüber, ob dieser Beweis im Einzelfall erbracht sei, wiederum beim Amt und nicht einfach beim Beurteilten selbst liegen, so hat eben doch das Amt die heilige Pflicht, nach der es am Tage des Gerichtes Rechenschaft ablegen muß, selbst demütig und selbstkritisch zu prüfen, ob ein solcher Beweis vorliegt oder ob es voreilig, eigensinnig und nach dem Maßstab des eigenen Geistes und der bloß eigenen Gabe urteilt. Geduld, Toleranz, Gewährenlassen des anderen, solange das Verkehrte seines Handelns nicht sicher nachgewiesen ist (nicht umgekehrt: Verbot aller Eigenregung, bis deren Rechtmäßigkeit formell nachgewiesen ist, wobei der Untergebene die Beweislast hätte), sind spezifisch kirchliche Tugenden, die aus dem Wesen der Kirche, die kein totalitäres System ist, erfließen und Voraussetzung dafür sind, daß der Geist nicht ausgelöscht wird.

Es ist eine christliche Tugend und nicht Gleichgültigkeit gegen das kirchliche Amt, wenn man diese Tugenden beim kirchlichen Amt voraussetzt und dementsprechend handelt. Man darf den unvermeidlichen Antagonismus in der Kirche voraussetzen, weil er nach dem Willen Gottes dem Wesen der Kirche mitgegeben ist; man braucht also nicht zu allem und jedem ein positives Einverständnis ausdrücklicher Art von seiten des kirchlichen Amtes, um sagen zu dürfen: Auch wir haben den Geist Christi. Wenn jemand aus dem Gesagten den Schluß zöge, man müsse alles und jedes in der Kirche gehen lassen, es könne eigentlich keiner den Mut haben, sich einer anderen Tendenz in der Kirche zu widersetzen, vor ihr zu warnen, sie zu echtem und ernstem Kampf herauszufordern, dann hat er das Gesagte mißverstanden. Denn durch eine solche Auffassung würde ja gerade geleugnet, daß die verschiedenen Antriebe, Tendenzen und Charismen, wo sie echt sind, sich wirklich in der einen Kirche entfalten, also das Gegengewicht der anderen wirklich erfahren müssen. Ein solcher würde überdies behaupten, es könne keine Tendenz in der Kirche auftreten außer der Gabe des Geistes von oben. Das ist aber falsch. Eine solche apriorische Immunität gegen die Anfälligkeit vom Geist der Welt her haben weder die Gläubigen im allgemeinen noch auch die Träger des Amtes. Man muß also den Mut haben können, der ja gerade die einem bestimmten Glied der Kirche verliehene Gabe sein kann, das Charisma, ein Nein in der Kirche zu sagen, aufzustehen gegen bestimmte Strömungen und Geister, und zwar schon bevor das Amt selbst alarmiert worden ist, da ja ein solches Nein das Mittel sein kann, das Amt zu seiner Tätigkeit anzuregen. Aber eben dieser Mut zu einem Antagonismus in der Kirche, zu einem echten Pluralismus der Gaben und Charismen, der Aufgaben und Funktionen, entgiftet den immer unvermeidlich auch in der Kirche gegebenen Kampf der Tendenzen und macht ihn zu einem Ringen der Liebe und entbindet den Geist, der sonst ausgelöscht würde.

Und weiter gehört zu den Voraussetzungen dafür, daß der Geist in der Kirche nicht ausgelöscht werde, die Überzeugung oben und unten in der Kirche, daß es in der Kirche nicht nur Regungen gibt und geben darf, die von der amtlichen höheren Instanz veranlaßt sein müßten, um legitim zu sein. Das Amt in der Kirche darf sich nicht wundern oder darüber unwillig sein, wenn sich ein Leben des Geistes regt, bevor es in den Ministerien der Kirche geplant worden ist. Und die

Gläubigen dürfen nicht meinen, sie hätten bestimmt nichts zu tun, bevor von oben ein Befehl heruntergereicht wird. Es gibt Taten, die Gott will, vom Gewissen des einzelnen verlangt, auch bevor das Startzeichen vom Amt gegeben ist, und zwar in Richtungen, die nicht schon amtlich positiv gebilligt und festgelegt sind. Man müßte einmal von diesem Charismatischen in der Kirche her das Recht der „kanonischen Billigkeit" und der legitimen Gewohnheit contra oder praeter legem durchdenken.[2] Mit solchen Begriffen spart die Kanonistik nicht nur einen legitimen Raum für eine menschlich-sinnvolle Rechtsentwicklung aus, sondern auch für den Antrieb des Geistes. Die Befehlsgewalt der Kirche muß also bei sich das Bewußtsein pflegen, daß sie nicht wie in einem totalitären System die autark planende Entwerferin allen Tuns in der Kirche ist und sein darf. Sie

[2] Vgl. dazu jetzt ausführlicher vom Verfasser: Die Disziplin der Kirche. I. Grundsätzliches. In: Handbuch der Pastoraltheologie (Bd. I). Freiburg 1964, S. 333–343, bes. 336 ff. (= SW 19, S. 170–180, bes. S. 173 ff.).

muß das Bewußtsein in sich wachhalten, daß es ihre Pflicht und nicht nur ihre gnädige Herablassung ist, wenn sie Anregungen „von unten" entgegennimmt, daß sie nicht von vornherein alle Fäden in der Hand haben muß, daß die höhere, eben charismatische Weisheit auch einmal bei den Untergebenen sein kann und die charismatische Weisheit des Amtes darin bestehen kann, sich solcher Weisheit nicht zu verschließen. Das Amt in der Kirche muß immer wissen, daß die Pflicht des Untergebenen, ihm gehorsam zu sein, und die Kompetenz der Kompetenz auf seiten des Amtes den Untergebenen dem Amt gegenüber weder rechtlos macht noch eine Garantie dafür ist, daß jede Maßnahme des Amtes im Einzelfall das Richtige und Gottgefällige trifft oder von vornherein davor bewahrt sein müßte, auch geschichtlich sehr katastrophale Entscheidungen und Unterlassungen verantworten zu müssen.

Wenn alle beten, wenn jeder über seine eigene charismatische Kargheit und Dürftigkeit vor Gott ein erschrockenes Gewissen hat, wenn jeder bereit ist, die Gabe des anderen zu achten, auch wenn sie nicht seine ist, wenn der Gehorsam den Mut der Selbstverantwortung nicht austreibt und auch nicht umgekehrt der Mut zur eigenen Meinung den Gehorsam, wenn die Entschlossenheit da ist auch zu radikalen Versuchen, weil man sieht, daß in der äußersten Situation, die unsere ist, mit vorsichtigem Weitermachen im bisherigen Geleise nicht mehr bestanden werden kann, dann wäre vielleicht der Raum da, der auch schon wieder Gottes Gnade ist, für die Lebendigkeit des Geistes, der nochmals Gnade Gottes allein ist. Dann brauchen wir nicht zu fürchten, daß wir vor dem Gericht Gottes den Vorwurf hören werden, wir hätten durch Herzensträgheit und Feigheit den Geist ausgelöscht und hätten es noch nicht einmal wahrhaben wollen.

In den letzten hundert Jahren ist der relative Anteil der katholischen Christen praktisch nicht gewachsen, sondern gleichgeblieben trotz der scheinbar heroischen Anstrengungen der Mission. Und dabei ist der innere Abfall inmitten der sogenannten christlichen Völker von erschreckendem Ausmaß noch gar nicht einkalkuliert. Wenn die Zuwachsrate der Bevölkerungsexplosion in der Welt, wie man sie genannt hat, auch nur so groß bleibt, wie sie jetzt ist, werden am Ende dieses Jahrhunderts, das doch vielleicht noch manche von uns selbst erleben, sechs, sieben Milliarden Menschen vorhanden sein, also fast doppelt so viele, als heute leben. Da aber diese Zunahme zum weitaus größeren Teil in jenem Teil der Menschheit sich abspielt, der praktisch oder sogar grundsätzlich politisch außerhalb des christlichen Strahlungsbereiches lebt, wird vermutlich der katholische Anteil der Weltbevölkerung in den nächsten Jahrzehnten sehr, vielleicht erschreckend, sinken. Das ist nur eine von hundert Überlegungen, die man anstellen könnte, um sich den Ernst der globalen und säkularen Situation klarzumachen, in der sich die Kirche befindet, der Situation der Welt, die heute auch unsere eigene ist, weil kein Land mehr autark sein kann in dieser Gegenwart. Haben wir den harten Mut, uns selbst zu sagen:

Löscht den Geist nicht aus, haben wir den unerschütterlichen Glauben trotz dieses warnenden Mahnrufes an uns selbst, darauf zu vertrauen, daß der Geist Gottes sich nicht auslöschen läßt, weil er der Geist dessen ist, der am Kreuz der Welt gesiegt hat? Gehen wir mit diesem Ernst und diesem Mut des Glaubens in die Entscheidungen unseres Alltags.

# Nachwort des Herausgebers

# Eine Zeit, in der das Brausen des Geistes nötiger wäre denn je

Vor fünfzig Jahren ging das Zweite Vatikanische Konzil zu Ende, das eine bedeutende Zäsur in der neueren Geschichte der Katholischen Kirche darstellt und in Kontinuität zur Tradition neue Wege eröffnete. Karl Rahner hat es in seiner Festrede zum Abschluss des Konzils als „den Anfang des Anfangs" bezeichnet[1]. Das Konzilsgedenken gibt Anlass, auch an die Vorkonzilszeit zu erinnern und an die Erwartungen, die damals gehegt wurden.

---

1 Vgl. K. Rahner, Das Konzil – ein neuer Beginn. Mit einer Hinführung von Karl Kardinal Lehmann herausgegeben von Andreas R. Batlogg und Albert Raffelt. Freiburg i. Br. 2012, hier S. 37.

Karl Rahners Rede *Löscht den Geist nicht aus!*[2] auf dem 12. Österreichischen Katholikentag 1962 in Salzburg gehört in diesen Kontext. Bei der Publikation der eben genannten Festrede Rahners zum Konzilsabschluss in dieser kleinen Schriftenreihe wurde schon darauf hingewiesen, dass Rahners Erwartungen an das Konzil zunächst sehr skeptisch waren[3]. Günther Wassilowsky hat etwa auf die Nachschrift einer der damals berühmten Innsbrucker Freitags-Fragestunden hingewiesen, die den Titel trägt: „Über das drohende oder in Aussicht stehende Konzil"[4].

---

[2] Die definitive Fassung des Textes erschien in K. Rahner, Schriften zur Theologie, Band 7: Zur Theologie des geistlichen Lebens. Einsiedeln 1966, S. 77–90. Diese Fassung wurde in SW 21/1, S. 23–33 übernommen und liegt dieser Einzelausgabe zugrunde.

[3] K. Rahner, Das Konzil – ein neuer Beginn, a. a. O., S. 67–74.

[4] G. Wassilowsky, Universales Heilssakrament Kirche. Karl Rahners Beitrag zur Ekklesiologie des II. Vatikanums. Innsbruck 2001 (Innsbrucker theologische Studien. 59), dort S. 38 ff. zum Thema „Konzilserwartungen".

Dennoch hat sich Rahner – wie manche andere Theologen seiner und der damals jüngeren Theologengeneration (etwa Joseph Ratzinger, Hans Küng) – positiv den Aufgaben der Vorbereitung eines Konzils gestellt. Auch wenn wahrscheinlich Hans Küng den größten medialen Erfolg mit seinen Vorträgen und seinem Buch *Konzil und Wiedervereinigung*[5] erzielte – „medial" bezieht sich damals vor allem auf die durch Funk und Zeitungsberichte, weniger durch das Fernsehen[6] erzielte Öffentlichkeitswirkung –, so ist auch Rahners Hintergrundarbeit nicht zu unterschätzen. Mehr noch als sein einschlägiger Konzilsvortrag *Zur Theologie des Konzils*[7] sind seine verschiedenen Arbeiten aus der Vorkonzilszeit zu nennen: zu Themen wie der Bedeutung und den Rechten des Einzelnen in Kirche und Gesellschaft, zu den

---

5 Mit einem Geleitwort von Franz Kardinal König. Freiburg i. Br. 1960, $^{7}$1964. Demnächst auch in Hans Küng, Konzil und Ökumene (Gesammelte Schriften. 2). Freiburg i. Br. 2015.

6 Erst 1963 startete das Zweite Deutsche Fernsehen.

7 Vgl. dazu die Ausführungen in K. Rahner, Das Konzil – ein neuer Beginn, a. a. O., S. 69–71.

Charismen, denen das Amt einen Freiraum zu geben hat, zum Recht auf eine öffentliche Meinung auch in der Kirche, zu Fragen der „Familiendiaspora“ *(Der Christ und seine ungläubigen Verwandten)*, zu einer realistischen Sicht auch der problematischen Seiten der Kirchenwirklichkeit *(Kirche der Sünder)*, zur Ökumene und anderes. Man kann das Aufsehen, das diese Texte im Kontext der Vorkonzilszeit erregten, etwa an dem Sonderheft der Zeitschrift *Wort und Wahrheit* ersehen, das unter dem Titel *Fragen an das Konzil. Anregungen und Hoffnungen* in Buchform erschien[8]. Der Klappentext verrät übrigens, dass Karl Rahner das Manuskript dieser Veröffentlichung überprüft hat; auch ein Beispiel selbstloser Kleinarbeit des Theologen.

---

[8] Freiburg i. Br. 1961 (Herder-Bücherei. 59).

Den aufrüttelnden Duktus der hier vorgelegten Rede kann man auch heute noch erspüren, obwohl das offene Wort im kirchlichen Rahmen inzwischen selbstverständlich ist und es nicht mehr nötig ist, für kritische Ansichten Autoritäten zu zitieren.

Das Kernanliegen des Vortrags – den Raum für das „Brausen" (S. 40) des Geistes zu eröffnen durch den Hinweis auf die Charismen und ihre Bedeutung neben dem Amt in der Kirche – deckt Rahner mit der Berufung auf Pius XII. ab. Rahner hat auch sonst sorgfältig darauf geachtet, welche öffnenden Aussagen von Seiten des Papstes kamen, und diese „strategisch" genutzt. Es war die Zeit des „pianischen Monolithismus", wie Rahner andernorts später sagt[9]. Dahin gehört etwa sein wiederholter Hinweis, dass Pius XII. eine öffentliche Meinung in der Kirche gefordert habe[10]. Mit

[9] K. Rahner, Dogmatik nach dem Konzil. Freiburg i. Br. 2008 (SW 22/2), S. 360, 734 u. ö.

[10] Vgl. K. Rahner, Kirche in den Herausforderungen der

dem Hinweis auf den letzten Papst – es ist zwar schon die Zeit Johannes' XXIII., aber die römische Zensur war noch sehr aufmerksam – ist sozusagen das grundsätzliche Anliegen der Rede legitimiert.

Damit ist aber in der Sache noch nichts gewonnen. Auch Rahner hat keine „Rezepte" (S. 39). Zunächst gilt es, die Sensibilität zu wecken, sich überhaupt auf die Notwendigkeit von Neuem einzulassen und sich nicht selbstgefällig im Erreichten einzuschließen. Neben der eindringlichen appellativen Rhetorik sollte nicht übersehen werden, dass den Ausführungen eine gesellschaftliche Analyse zugrunde liegt. Rahner beobachtet die Entwicklung hin zu einer verwalteten Welt, in der die Massierung der „Apparate" und der Kitt des Opportunismus eine Gefahr für freie charismatische Initiativen sind. Er sieht in einer sich ihrer selbst bewusst werdenden „Weltkirche" (S. 33) die Bedrohung durch einen Zentralismus, der meint, nur Regelungen treffen zu können, die

---

Zeit. Freiburg i. Br. 2003 (SW 10), S. 143, 145, 204 f., 209 f., 234 f.

für alles Partikulare und Regionale zutreffen müssen[11]. Er sieht auch die mögliche Marginalisierung in einer Weltbevölkerung, die sich bis zum Ende des Jahrhunderts – Rahner lag hier richtig – verdoppeln würde (S. 55). Das alles ist nicht durch die Entwicklung überholt, sondern vielmehr verstärkt worden in der heutigen „Informationsgesellschaft" mit den benennbaren wie anonymen Mächten des Internets.

Aber Rahner gehört nicht zu den „Unglückspropheten", über die Johannes XXIII. in seiner Rede zur Konzilseröffnung sprechen wird. Er fordert vielmehr ein mutiges Zugehen auf die Wirklichkeit. Es reicht nicht, feste „Prinzipien" zu haben. Sie müssen umgesetzt werden in konkrete „Impe-

---

[11] Konkrete Beispiele für Verhinderungstaktik aufgrund geforderter weltkirchlicher Uniformität finden sich etwa in den Diskussionen der Gemeinsamen Synode der Bistümer in der Bundesrepublik Deutschland. Vgl. dort Rahners spitze Bemerkung: „Was gibt es noch an Eigenständigkeit einer Regionalkirche, wenn wir uns in solchen Fragen wie Handkommunion usw. nach Sizilien richten müssten?" (K. Rahner, Das Konzil in der Ortskirche. Freiburg i. Br. 2011 [SW 24/2], S. 635)

rative", auch wenn diese nicht die Festigkeit und Gültigkeit der Prinzipien aufweisen und der Fehlbarkeit ausgesetzt sind. In „einer Zeit, in der das Brausen des Geistes nötiger als je wäre" (S. 40), ist Mut gefragt, ist realistisch der Situation in die Augen zu sehen, darf auch keine Angst vor den unvermeidlichen Antagonismen herrschen, die es auch in der Kirche gibt und geben muss. Und Rahner prägt hier das schöne Wort vom „Tutiorismus des Wagnisses" (S. 44)[12]: Es genügt heute nicht mehr zu fragen: „Wie weit muß ich gehen?", sondern es sind die Möglichkeiten der Stunde zu nutzen, das „Äußerste" zu wagen, „um so zu bestehen, wie Gott es von uns verlangt" (S. 44). Das

---

12 Während der Abfassung dieses Textes geht gerade die römische Bischofssynode 2014 zu Ende, die von Papst Franziskus Aufgaben gestellt bekommen hat, die sich nicht mit dem Rückzug auf die Prinzipien lösen lassen. Das Vorgehen des Papstes ist ein gutes Beispiel für den „Tutiorismus des Wagnisses"! – Zu Rahners späterem Insistieren auf diesem „Tutiorismus" vgl. vor allem K. Rahner, Selbstvollzug der Kirche. Freiburg i. Br. 1995 (SW 19), S. 313–316, ferner z. B. SW 24/2, S. 773–775 sowie für die Ökumene K. Rahner, Einheit in Vielfalt. Freiburg i. Br. 2002 (SW 27), S. 54 f.

Beispiel der Ökumene zeigt gut, was Rahner meint und was er viel später auch mit konkreten Vorschlägen untermauert hat, die zwar manchen als utopisch galten, aber dennoch – mit anderen Aktivitäten – die ökumenische Annäherung der großen Kirchen stark beeinflusst haben[13].

Der Inhalt der Rede soll hier aber nicht weiter referiert werden. Der abschließende Satz entlässt den heutigen Leser in den Alltag. In der ursprünglichen Rede hieß er: „Gehen wir mit diesem Ernst und diesem Mut des Glaubens in die Beratungen dieser Tage!" Gemeint war der Österreichische Katholikentag. Der Satz lässt sich aber auch als eine Aufforderung an das kommende Konzil lesen.

---

[13] Vgl. den Band mit den ökumenischen Studien von Karl Rahner SW 27, besonders die gemeinsame Studie mit Heinrich Fries: Einigung der Kirchen – reale Möglichkeit (1983), ebd., S. 286–396.

Udo Bentz hat in seiner Dissertation *Jetzt ist noch Kirche. Grundlinien einer Theologie kirchlicher Existenz im Werk Karl Rahners*[14] die Ereignisse nach Rahners Rede folgendermaßen dargestellt: „Am 1. 06. 1962 hatte er auf dem österreichischen Katholikentag in Salzburg den Vortrag ‚Löscht den Geist nicht aus' gehalten. Wenige Tage später erhielt er eine Weisung seiner Ordensoberen, künftig alles, was er schreibt, vorher in Rom zur Zensur vorzulegen. Es war eine Maßnahme aus dem S. Offizium, die von Kardinal Ottaviani durchgesetzt und über den Ordensgeneral übermittelt wurde. Wie aus zwei Briefen Rahners an Kardinal König wegen dieser Angelegenheit deutlich wird, war Rahners Reaktion auf diese Maßnahme heftig: ‚Nun erhalte ich plötzlich, ohne daß unsere Römische Kurie mir selbst eine Mitteilung macht, durch den P. Provinzial vom Hochwürdigsten Pa-

---

[14] Innsbruck 2008 (Innsbrucker theologische Studien. 80), hier S. 488 f. Belege siehe dort.

ter General die Weisung, alle meine theologischen Arbeiten müssten von nun an unmittelbar einer Römischen Ordenszensur unterworfen werden unter Ausschaltung der bisherigen Zensur im Lande[15]. Gründe dieser Maßnahme wurden mir keine genannt. Es wurde nicht angegeben, was oder ob in meinem bisherigen Schrifttum Anlaß zu solcher Maßnahme gegeben hat.' Daß die Maßnahme scheinbar grundlos geschah, wird auch noch einmal durch den P. Assistent van Gestel bestätigt, der sich zu diesem Zeitpunkt in Innsbruck zum 400jährigen Jubiläum des Canisianums aufhält. Rahner schreibt über das Gespräch mit dem P. Assistent: ‚Mein bisheriger Eindruck hat sich aber auch aus dieser Unterredung gefestigt …, daß auch unsere Kurie über die Gründe dieser Maßnahme nicht wirklich unterrichtet ist, mir also gar nicht sagen *kann,* durch welche Taten ich

---

[15] Theologische Arbeiten unterlagen damals der kirchenamtlichen Vorzensur, vgl. Codex Iuris Canonici. Friburgi Brisgoviae 1918, can. 1385. Dies galt im Übrigen auch für theologische Bücher von Laien! (A. R.)

diese Strafe und Diffamation und Behinderung meiner Arbeit verdient habe.' Zwar waren solche Geheimverfahren ohne argumentative Grundlage gegenüber dem Betroffenen in dieser Zeit durchaus nicht ungewöhnlich, Rahner sieht darin jedoch ein grobes Unrecht, weil die personale Dimension mißachtet wird, die doch Voraussetzung und Grundlage für das kirchliche Gehorsamsgefüge ist und ohne die der Gehorsam zu einer puren disziplinarischen Maßnahme degeneriert. Entsprechend deutlich reagiert Rahner: ,Ich werde also unter Ausnahmerecht gestellt. Man kann auch ruhig sagen: verurteilt, ohne angeklagt und geprüft worden zu sein. Denn … eine solche Maßnahme stellt ein sehr empfindliches Hindernis für die theologische Arbeit des Betroffenen dar, wenn sie sie nicht praktisch unmöglich macht. Sie diffamiert ferner'."

Udo Bentz hat den hier präzise dargestellten Sachverhalt in seiner Arbeit hinsichtlich der Gehorsamsproblematik theologisch beleuchtet. Letztlich ungeklärt ist bislang, ob der zeitliche Zusammenhang mit der Salzburger Rede zugleich den Grund für die Verhängung der Vorzensur angibt. Karl Kardinal Lehmann plädiert für diesen Zusammenhang, Herbert Vorgrimler hielt eine solch schnelle Reaktion des Hl. Offiziums nicht für denkbar. Günther Wassilowsky äußerte sich vorsichtig in dieser Frage[16]. Da die für die Kreise um Kardinal Ottaviani anstößigen Ansichten Rahners auch vorher von ihm publiziert worden sind, wird man weder eine sehr schnelle anlassbezogene Reaktion von vornherein ausschließen können (die Unwissenheit des P. Assistent spricht etwa dafür) noch die Möglichkeit, dass eine länger geplante Maßnahme zufällig jetzt vollzogen wurde. Beides kann aber auch gewissermaßen zusammenfallen. Letztlich werden dies nur Archivalien in römischen Kurien- oder Ordensarchiven klären können, falls solche existieren. Unbeschadet dessen bleibt wohl der sachliche Zusammenhang zwi-

---

16 Editionsbericht. In: K. Rahner, Das Zweite Vatikanum. Bearbeitet von Günther Wassilowsky. Freiburg i. Br. 2013 (SW 21/1), S. XV.

schen den hier geäußerten Ansichten Rahners und der verhängten Vorzensur bestehen.

Dass diese Vorzensur nicht angewandt, aber wohl auch nicht formell aufgehoben wurde, sei nur noch erwähnt; ebenso dass die Paulus-Gesellschaft, in der Rahner aktiv mitarbeitete – ein Gesprächskreis von Theologen und (Natur-)Wissenschaftlern –, eine Unterschriftenaktion zugunsten Rahners startete, die bei „A" mit dem damaligen Bundeskanzler Konrad Adenauer begann, und dass sich der Protektor des *Lexikon für Theologie und Kirche*, der Freiburger Erzbischof Hermann Schäufele (1906–1977), in Sorge um die Vollendung dieses monumentalen Werks für Rahner einsetzte[17]. Rahner bedankte sich mit der Widmung des fünften Bandes seiner *Schriften zur Theologie:* „Der Band ist der Paulus-Gesellschaft und vor allem ihren führenden Männern dankbar gewidmet. Bei

---

[17] Vgl. Karl Lehmann, Karl Rahner. Ein Porträt. In: K. Rahner, Frühe spirituelle Texte und Studien. Freiburg i. Br. 2014 (SW 1), S. XXf. – Das mit den Ergänzungsbänden zum II. Vatikanum 14-bändige Lexikon erschien von 1957–1968. Ende 1962 erschien der siebte Band.

ihnen habe ich in diesem Jahr wieder erfahren: ein treuer Freund ist eine feste Burg (Sir 6,14)"[18].

## Die Rezeption der Rede

Das Echo, das dieser Vortrag gefunden hat, zeigt sich auch in den verschiedenen Vorab- bzw. Nachdrucken der offiziellen Publikation: *Löscht den Geist nicht aus. Probleme und Imperative des Österreichischen Katholikentages 1962.* Herausgegeben vom Präsidium der Katholischen Aktion Österreichs. Innsbruck – Wien – München 1963, S. 15–24, weitere Abdrucke: *Münchener Katholische Kirchenzeitung. Bistumsblatt der Erzdiözese München-Freising* 55 (1962), Nr. 25 (24.6.1962), S. 509 f.; *Der große Ruf an die katholische Welt. Blätter für vertieftes und weltweites Christentum* (Wiesbaden) 14 (1962), Nr. 8, S. 146; *Der nächste*

---

[18] K. Rahner, Menschsein und Menschwerdung Gottes. Bearbeitet von Herbert Vorgrimler. Freiburg i. Br. 2005 (SW 12), S. 585.

*Schritt. Werkblatt der Katholischen Männerbewegung Österreichs* (Wien) 9 (1962), Nr. 4, S. 16; *Der Volksbote. Unabhängiges österreichisches Wochenblatt* (Innsbruck) 62 (1962), Nr. 23 (9. 6. 1962), S. 2 f.; *Werkblatt des Quickborn* (Aalen) 13 (1963), S. 19–22; *Klerusblatt* 43 (1963), S. 204–207.

Die Abdrucke sind zugleich ein Spiegel der katholischen Druck-Medienwelt der 50er und frühen 60er Jahre, in der Rahner neben seiner wissenschaftlichen Publikationstätigkeit immer präsent war. Sie repräsentieren den sogenannten „Milieukatholizismus", der sich in den folgenden Jahrzehnten immer stärker auflöste, damals aber den Raum zur Vermittlung durchaus auch neuer Ideen darstellte. Im Jahr 1964 erschien der Text im Auszug, gesprochen von Karl Rahner, auf Schallplatte[19]. Allerdings vermag die Studioaufnahme kaum einen Eindruck von der Rhetorik des Redners Karl Rahner zu vermitteln.

---

[19] Münster: Harmonia mundi, Schallplatte, 25 cm, 33 UpM.

Durch die monumentale zweibändige Edition der konzilsbezogenen Arbeiten Rahners durch Günther Wassilowsky[20] ist seit 2013 die Arbeit Rahners vor, während und unmittelbar nach dem Konzil in Bezug auf dieses Ereignis ausführlich dokumentiert. Die fast gleichzeitig erschienenen Konzilsarbeiten Joseph Ratzingers[21] bieten ein Pendant dazu und in manchem auch eine Spiegelung. Schließlich hat auch die schon genannte monographische Studie von Günther Wassilowsky[22] viel zur Klärung beigetragen, und manches farbige Detail wird durch den Ausstellungskatalog *Erneuerung in Christus* hinzugegeben[23].

---

20 K. Rahner, Das Zweite Vatikanum. Freiburg i. Br. 2013 (SW 21/1 und 21/2).

21 J. Ratzinger, Zur Lehre des Zweiten Vatikanischen Konzils. 2 Bde. Freiburg i. Br. 2012 (Gesammelte Schriften. 7).

22 Universales Heilssakrament Kirche, a. a. O. Vgl. auch G. Wassilowsky, Als die Kirche Weltkirche wurde. Karl Rahners Beitrag zum II. Vatikanischen Konzil und seiner Deutung. Freiburg i. Br. 2012 (Rahner lecture. 2012), digital unter www.freidok.uni-freiburg.de/volltexte/8551/.

23 Andreas R. Batlogg – Clemens Brodkorb – Peter Pfister

Neben den Manuskripten und Publikationen – den Gutachten Rahners schon vor dem Konzil für den Wiener Kardinal Franz König, den Texten für das Konzil, neben denen es die vielen kleinen, gar nicht mehr dokumentierbaren Detailarbeiten gibt, und schließlich den interpretierenden Aufsätzen zum Konzil – gibt es ein schönes Dokument, das die Arbeit auf dem Konzil unheimlich plastisch darstellt, einen kürzlich durch Andreas R. Batlogg SJ und Nikolaus Klein SJ veröffentlichten Brief Karl Rahners an seinen Bruder Hugo[24]:

„Von hier ist eigentlich nicht viel zu erzählen.

---

(Hrsg.), Erneuerung in Christus. Das Zweite Vatikanische Konzil (1962–1965) im Spiegel Münchener Kirchenarchive. Begleitband zur Ausstellung des Erzbischöflichen Archivs München, des Archivs der Deutschen Provinz der Jesuiten und des Karl-Rahner-Archivs München anlässlich des 50. Jahrestags der Konzilseröffnung. München 2012 (Schriften des Archivs des Erzbistums München und Freising. 16).

[24] K. Rahner, „Es ist merkwürdig auf einem Konzil". Bericht und Ermutigung für den älteren Bruder Hugo Rahner SJ. In: Stimmen der Zeit 230 (2012), S. 590–596, hier 590 f.

Denn in der zweiten Periode ist die Berichterstattung doch wirklich so geworden, daß man keine Geheimnisse mehr erzählen kann, die nicht auch in der Presse stehen. Und was so ein armer Peritus macht, das ist langweilige Arbeit. Man fabriziert Texte, die die Konzilsväter verbessern (sie meinen es wenigstens) und als ihre Weisheit in der Aula vorbringen. Man hält Vorträge an Bischöfe. Man nimmt an kleinen Besprechungen von kleinen Gruppen von Theologen und Bischöfen teil. Man sitzt (ich z. B.) in die [sic] theologische Konzilskommission, redet und rauft dort mehr oder weniger gescheit.

Von nun an wird es insofern noch viel mehr Arbeit geben, als die Periti der Theologischen Kommission in 7 Subkommissionen eingeteilt sind, die das ganze Material, das jetzt durch die Konzilsreden der Väter über das Kirchenschema im Oktober produziert worden ist, aufarbeiten müssen. Ich bin bei der Subkommission, die das Thema Kollegialität des Bischofskollegiums hat, also eigentlich den wichtigsten und heikelsten

Punkt. Dazu gehören auch Ratzinger und Colombo (der Freund des Papstes und mein Mitherausgeber von Sacramentum mundi für Italien), Dhanis, Salaverri (der sich zu einem wütenden Gegner des Bischofskollegiums entwickelt hat, obwohl er in seiner Fundamentaltheologie eigentlich durchaus dafür ist; jetzt will er das aber nicht mehr wahrhaben), Betti (den ich selber nicht recht kenne). Für das Radio von Monaco, Beromünster, Nordamerika (Fernsehen), deutsches Fernsehen (meine Pressekonferenz hier), Saarbrücken hab ich auch schon mal was hier gemacht.

Daneben hab ich einen Artikel verbrochen, ziemlich lang, über mehr praktische Konsequenzen aus der Kollegialitätsidee. Daß ich schon so Texte (einmal drei Seiten, einmal zwei Seiten) fabriziert habe über die Kollegialität, die in ca. 2 500 Exemplaren in der Schreibstube von Frings vervielfältigt und dann mit Hilfe von Periti unter den Bischöfen verbreitet wurden, und daß Ottaviani dagegen in der Aula gemeckert hat, wirst Du schon gehört haben. Der Balić aber durfte mit der vatikanischen Druckerei seine Sachen drucken und in der Aula verbreiten. Aber die Abstimmung ist doch gegen ihn ausgegangen.

Am Abend davor hab ich noch für die Integration des Marianischen Schemas in das Kirchenschema geredet vor brasilianischen Bischöfen. Deren Peritus hat mir nachher gesagt, es hätte sehr gut gewirkt und vielleicht hätte ich die zwanzig Bischöfe gewonnen, da, wenn sie nicht da gewesen wären, die anderen ‚gesiegt' hätten. Aber das ist natürlich eine Milchmädchenrechnung. Im November muß ich jeden Mittwoch vor den brasilianischen Bischöfen am Abend von 21.10 bis 22.30 Uhr reden. Es ist so weit draußen am Rand der Stadt und so eine mühsame und zeitraubende Arbeit, zumal diese guten Leute mir nicht einmal den Bus bezahlen."

Die wohl beste Darstellung dessen, was an theologischer Leistung und intensiver Zusammenarbeit mit anderen von Rahner auf dem Konzil erarbeitet worden ist – die genannte Studie von Günther Wassilowsky –, gibt den nüchternen und ausführlichen Kommentar zu Rahners etwas „flapsigem" Bericht an seinen Bruder ab.

Gegenüber der skeptischen Erwartungshaltung nach Ankündigung des Konzils ist das Resümee Rahners nach Abschluss des Konzils zwar nicht enthusiastisch, aber positiv. Allerdings ist der Erfolg des Konzils für ihn nicht gesichert: „Wenn die Kirche in den nächsten Jahrzehnten besser regiert, schöner liturgisch handeln würde, wenn tiefsinnigere Theologie, klareres Recht, größerer gesellschaftlicher Einfluß erwachsen würde, aber eben nicht mehr Glaube, Hoffnung und Liebe, dann wäre doch alles umsonst. Man würde Halden von Pechblenden auftürmen – und doch kein Radium gewinnen. Es liegt aber an uns, an *jedem* von uns, an *jedem* in der Alltäglichkeit des Lebens und in der letzten einsamen Entscheidung des Gewissens, *diesen* Sinn des Konzils aus Gottes Gnade allein in der königlichen Freiheit der Kinder Gottes zu tun. Gott gebe uns dazu seine Gnade."[25]

---

[25] SW 21/2, S. 786 und K. Rahner, Das Konzil – ein neuer Beginn, a. a. O. (Anm. 1), S. 56 f.

Karl Rahner sagte in seiner Rede, in der Kirche solle „der Geist der Liebe herrschen, die die vielen und verschieden bleibenden Gaben zu einer Einheit bindet, der Liebe, die den anderen auch noch annimmt und gelten läßt, wo man ihn nicht mehr ‚versteht'" (S. 48). Das Konzil hat dies bei allen Kontroversen und Gegensätzen geleistet.

Eine etwas verblüffende Aussage zu diesem Thema hat der Soziologe Franz Xaver Kaufmann gemacht. Sie erklärt auf soziologische Weise, warum die Konzilsväter den Heiligen Geist nicht „ausgelöscht" haben. Kaufmann schreibt, er habe „wiederholt darauf hingewiesen, dass aus soziologischer (!) Sicht der große Konsens über die Dokumente des Zweiten Vatikanischen Konzils und damit sein theologischer Erfolg nur erklärbar werden, wenn wir den Glauben der Konzilsväter an den Heiligen Geist ernst nehmen; den Glauben, dass dieser Heilige Geist das Konzil führe, sodass es mehr auf Einmütigkeit als auf die eigene Minderheitsmeinung ankomme. Diese Aussage ist grundsätzlich unabhängig davon, ob ich selbst an das Wirken des Heiligen Geistes glaube."[26]

Der soziologischen Argumentation ist hinzuzufügen, dass die selbstlose und weitgehend anonyme bzw. anonymisierte Arbeit der Theologen ebenfalls aus dem Glauben an das Wirken des Geistes in Konzil und Kirche zu erklären ist. Dieser Glaube steht hinter den kritischen Anfragen wie den hoffnungsvollen Ausblicken, die sich bei Rahner in diesem Kontext finden.

*Albert Raffelt*

---

[26] F.-X. Kaufmann, Zwischen Wissenschaft und Glauben. Persönliche Texte. Freiburg i. Br. 2014, S. 166 f. – Das in Klammern stehende Ausrufungszeichen findet sich im Text.

*In gleicher Ausstattung wie der vorliegende Band sind erschienen:*

Karl Rahner, Kirche der Sünder
ISBN 978-3-451-34060-4, € 9,95

Karl Rahner, Das Konzil – ein neuer Beginn
ISBN 978-3-451-34094-9, € 9,99

Karl Rahner, Warum ich Christ bin
ISBN 978-3-451-34036-9, € 9,99

Karl Rahner, Meditation über das Wort „Gott"
ISBN 978-3-451-34900-3, € 8,99

Karl Rahner, Das Gebet der Not
ISBN 978-3-451-34901-0, € 9,99

Karl Rahner, Bekenntnis zu Jesus Christus
ISBN 978-3-451-34902-7, € 9,99

Karl Rahner, Was Weihnachten bedeutet
ISBN 978-3-451-34903-4, € 9,99

Karl Rahner, Gotteserfahrung heute
ISBN 978-3-451-30131-5 (derzeit vergriffen)

Karl Rahner, Der Priester von heute
ISBN 978-3-451-32289-1 (derzeit vergriffen)

Karl Rahner, Warum läßt uns Gott leiden?
ISBN 978-3-451-33086-5 (derzeit vergriffen)

## *Karl Rahner – Sämtliche Werke*

herausgegeben von der Karl-Rahner-Stiftung
unter Leitung von Karl Kardinal Lehmann, Johann Baptist Metz, Karl Heinz Neufeld SJ (bis 2005), Albert Raffelt, Herbert Vorgrimler (†), Andreas R. Batlogg SJ (seit 2005)

Karl Rahner (1904–1984) bewirkte als katholischer Dogmatiker mit seinem umfangreichen Werk und seinem Engagement vor, während und nach dem Zweiten Vatikanischen Konzil eine weitgehende Umorientierung des katholischen Denkens in der zweiten Hälfte des 20. Jahrhunderts. Mit philosophischer Gründlichkeit, wissenschaftlicher Stringenz und getragen von persönlicher Frömmigkeit, die sich auch im Werk dokumentiert, wagte er das freimütige, nur dem eigenen Gewissen verpflichtete theologische Wort. Er bewies damit ein „sentire cum ecclesia", das nicht nur das Mitdenken für die Zukunft der Kirche suchte, sondern ein existentielles Mitfühlen und Mitleiden wurde.
Sein Werk regt nach wie vor die kirchliche und theologische Diskussion an. Es setzt sich aus einer Fülle sehr unterschiedlicher Beiträge zusammen, die eine wirkliche Gesamtübersicht bislang kaum ermöglichten. Die vorliegende Gesamtausgabe macht das Werk erstmals in einheitlicher Form zugänglich. Das erleichtert nicht nur den Rückgriff auf Rahners Denken, sondern erlaubt zum ersten Mal eine zutreffende Einordnung der einzelnen Aussagen. Eine ganze Reihe von Texten Karl Rahners kursiert ferner bislang in recht unterschiedlichen Versionen. Das hat Irritationen hervorgerufen, denen die Gesamtausgabe durch eine verlässliche Textfassung abhilft.
Alle Texte in einer sorgfältigen Gesamtausgabe; die Einzelbände jeweils mit Editionsbericht, Quellennachweis und

Register. Die Edition ist bis auf Teilband 5/2 und 32 abgeschlossen.

## Die Edition

### I Grundlegung (1922–1949 / Bände 1–8)

1) Frühe spirituelle Texte und Studien. Grundlagen im Orden
2) Geist in Welt. Philosophische Schriften
3) Spiritualität und Theologie der Kirchenväter
4) Hörer des Wortes. Schriften zur Religionsphilosophie und zur Grundlegung der Theologie
5) De Gratia Christi. Schriften zur Gnadenlehre. 2 Bde. *(Teilband 1 im Druck, Teilband 2 in Vorbereitung)*
6) De paenitentia. Dogmatische Vorlesungen zum Bußsakrament. 2 Bde.
7) Der betende Christ. Geistliche Schriften und Studien zur Praxis des Glaubens
8) Der Mensch in der Schöpfung

### II Aufbau (1949–1964 / Bände 9–17)

9) Maria, Mutter des Herrn. Mariologische Studien
10) Kirche in den Herausforderungen der Zeit. Studien zur Ekklesiologie und zur kirchlichen Existenz
11) Mensch und Sünde. Schriften zur Geschichte und Theologie der Buße
12) Menschsein und Menschwerdung Gottes. Studien zur Grundlegung der Dogmatik, zur Christologie, Theologischen Anthropologie und Eschatologie
13) Ignatianischer Geist. Schriften zu den Exerzitien und zur Spiritualität des Ordensgründers

14) Christliches Leben. Aufsätze – Betrachtungen – Predigten
15) Verantwortung der Theologie. Im Dialog mit Naturwissenschaften und Gesellschaftstheorie
16) Kirchliche Erneuerung. Studien zur Pastoraltheologie und Struktur der Kirche
17) Enzyklopädische Theologie. Die Lexikonbeiträge der Jahre 1956–1973. 2 Bde.

## III Entfaltung (1964–1976 / Bände 18–26)

18) Leiblichkeit der Gnade. Schriften zur Sakramentenlehre
19) Selbstvollzug der Kirche. Ekklesiologische Grundlegung praktischer Theologie
20) Priesterliche Existenz. Beiträge zum Amt in der Kirche
21) Das Zweite Vatikanum. Beiträge zum Konzil und seiner Interpretation. 2 Bde.
22) Dogmatik nach dem Konzil. Grundlegung der Theologie, Gotteslehre und Christologie / Theologische Anthropologie und Ekklesiologie. 3 Bde.
23) Glaube im Alltag. Schriften zur Spiritualität und zum christlichen Lebensvollzug
24) Das Konzil in der Ortskirche. Schriften zu Struktur und gesellschaftlichem Auftrag der Kirche. 2 Bde.
25) Erneuerung des Ordenslebens. Zeugnis für Kirche und Welt
26) Grundkurs des Glaubens. Studien zum Begriff des Christentums

**IV Sammlung (1977–1984 / Bände 27–32)**

27) Einheit in Vielfalt. Schriften zur Ökumenischen Theologie
28) Christentum in Gesellschaft. Schriften zur Pastoral, zur Jugend und zur christlichen Weltgestaltung
29) Geistliche Schriften. Späte Beiträge zur Praxis des Glaubens
30) Anstöße systematischer Theologie. Beiträge zur Fundamentaltheologie und Dogmatik
31) Im Gespräch über Kirche und Gesellschaft. Interviews und Stellungnahmen
32) Register, Bibliographie, Nachträge *(in Vorbereitung)*

Erhältlich in jeder Buchhandlung!

**HERDER**